CURSIVE HANDWRITING
Workbook

This book belongs to:
_____

Let's Start warming Up:

A B C D E F G H I J K L M N O P Q R S T U V W X Y Z

a a a a a a a a a

a a a a a a a a a

a a a a a a a a a

a a a a a a a a a

a a a a a a a a a

a a a a a a a a a

a a a a a a a a a

a a a a a a a a a

a a a a a a a a a

A **B** C D E F G H I J K L M N O P Q R S T U V W X Y Z

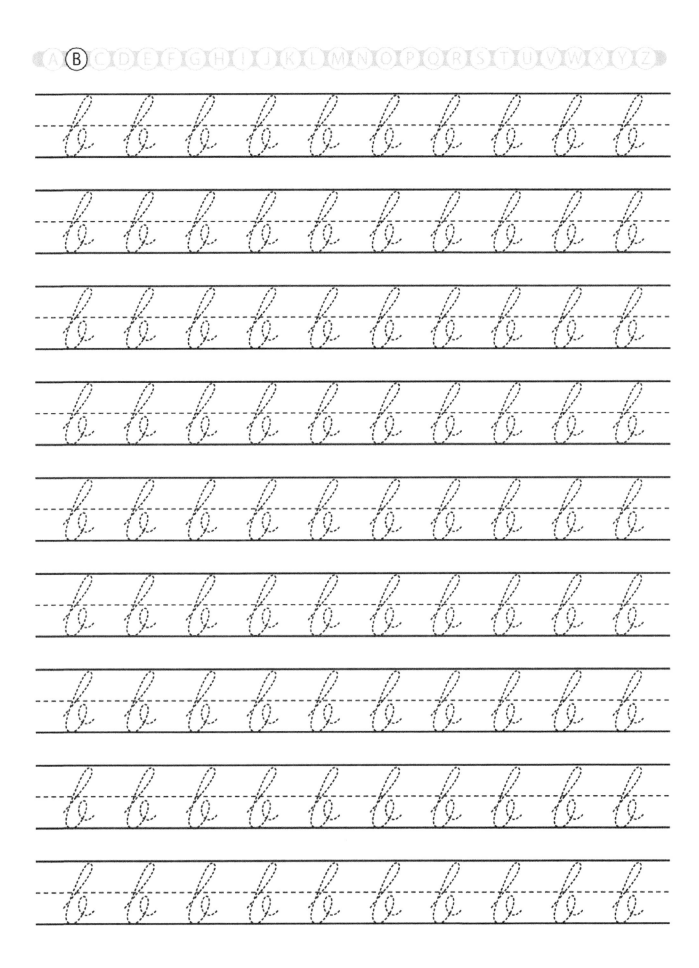

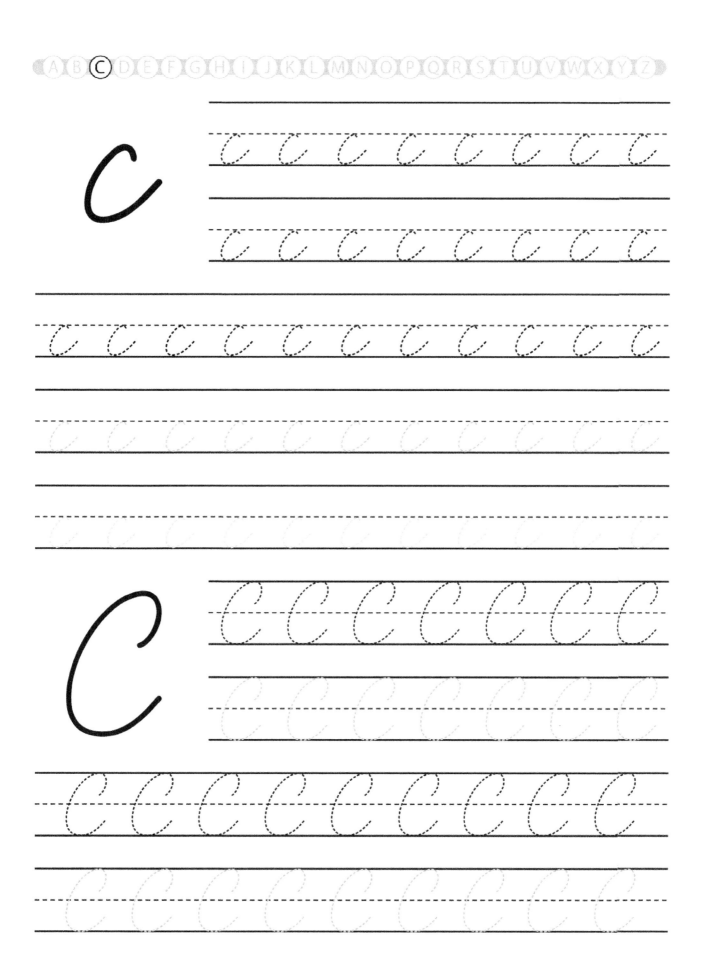

D

d d d d d d d d d

d d d d d d d d d

d d d d d d d d d

d d d d d d d d d

d d d d d d d d d

d d d d d d d d d

d d d d d d d d d

d d d d d d d d d

d d d d d d d d d

A B C D (E) F G H I J K L M N O P Q R S T U V W X Y Z

e

eeeeeeee

eeeeeeee

eeeeeeeeeee

eeeeeeeeee

eeeeeeeeee

E

EEEEEE

EEEEEE

EEEEEEEEE

EEEEEEEEE

A B C D E F G H I **J** K L M N O P Q R S T U V W X Y Z

j

J

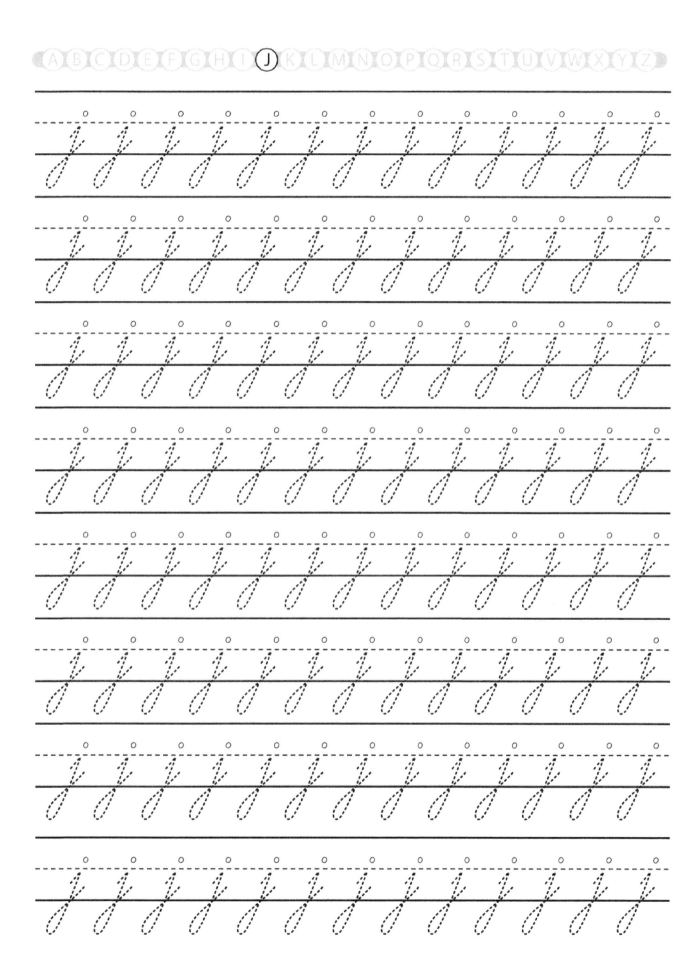

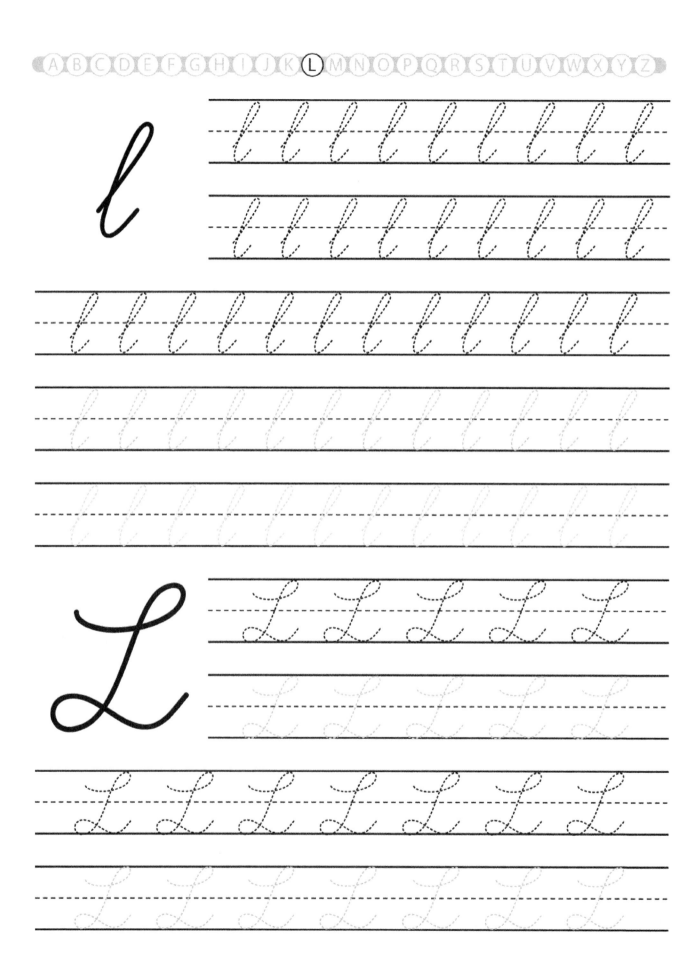

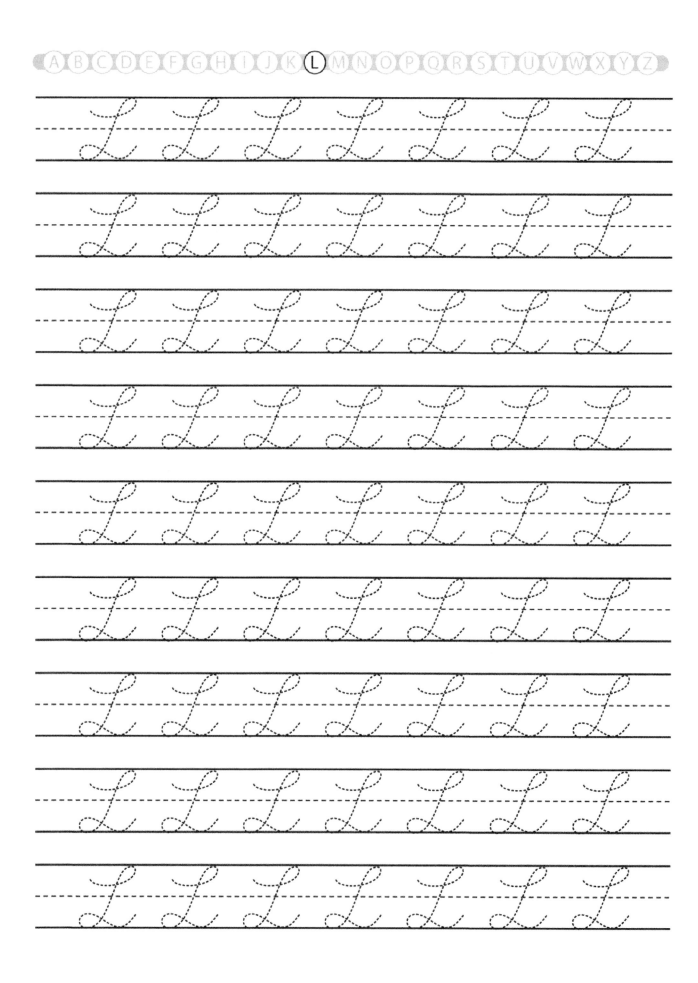

A B C D E F G H I J K L M **N** O P Q R S T U V W X Y Z

n

n n n n n n

n n n n n n

n n n n n n n n

n n n n n n

n n n n n n

n

n n n n n

n n n n n

n n n n n n n

n n n n n n

A B C D E F G H I J K L M **N** O P Q R S T U V W X Y Z

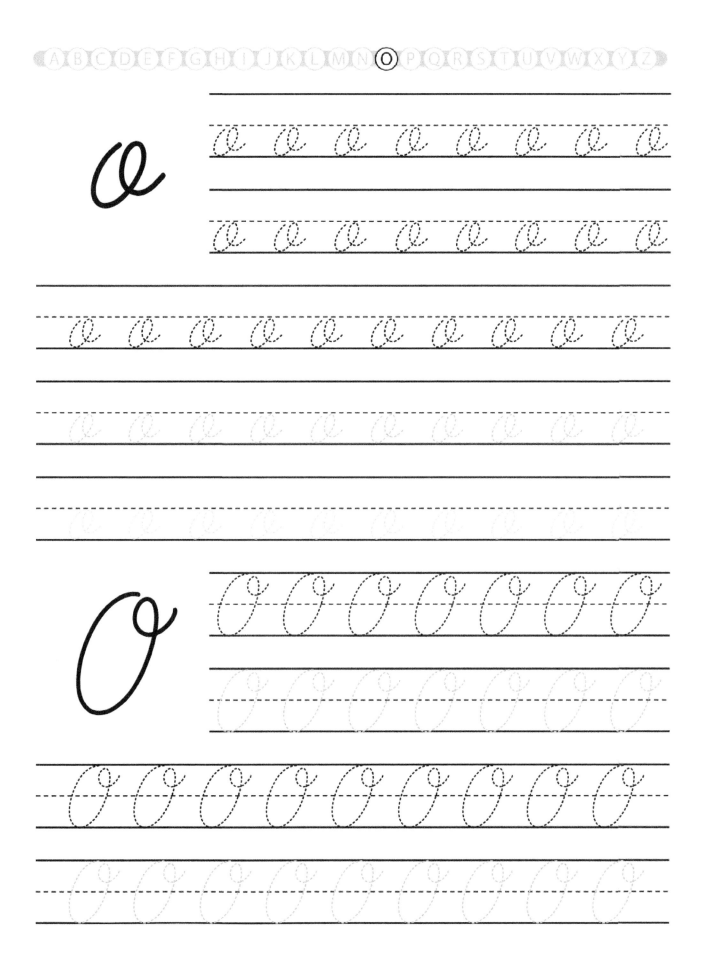

A B C D E F G H I J K L M N O **P** Q R S T U V W X Y Z

p

p

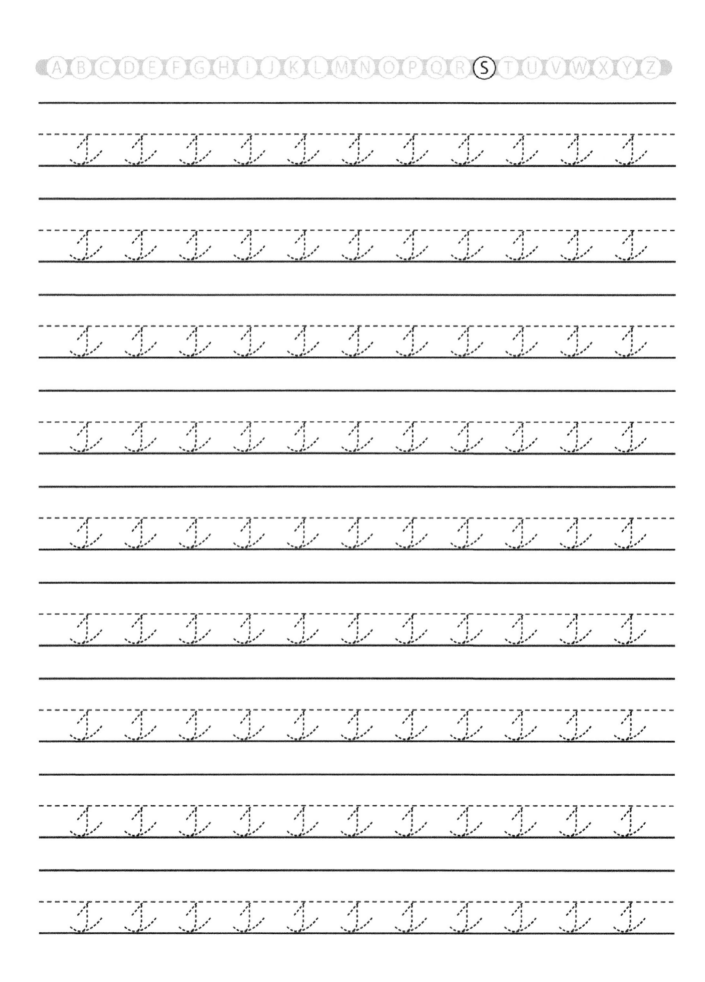

A B C D E F G H I J K L M N O P Q R S **T** U V W X Y Z

t

T

A B C D E F G H I J K L M N O P Q R S **T** U V W X Y Z

A B C D E F G H I J K L M N O P Q R S T U V W X Y (Z)

A B C D E F G H I J K L M N O P Q R S T U V W X Y **Z**

What time is dinner?

What is your name?

The dog sat on the mat

Once upon a time in a

Don't run walk

How are you?

Look at the red car

She has long hair

Printed in Great Britain
by Amazon